Vente du Vendredi 14 Décembre 1900

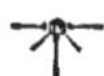

ESTAMPES

MODERNES

Eaux-Fortes, Lithographies

ORIGINALES

M᷎ Maurice **DELESTRE**, Commissaire-Priseur
5, Rue Saint-Georges

M. L. **DUMONT**, Expert, Marchand d'Estampes
27, Rue Laffitte.

IMPRIMERIE MAULDE ET RENOU

MAULDE, DOUMENC & Cie

IMPRIMEURS DE LA COMPAGNIE DES COMMISSAIRES-PRISEURS

Rue de Rivoli, 144. — Paris

EAUX-FORTES ORIGINALES

Bracquemond, J.-Lewis Brown, Buhot, Daubigny
Fortuny, Gaillard, Hervier, Huet, Jacquemart, Lalanne. Leys
Ribot. Rops, Rousseau, etc.

———

SEYMOUR-HADEN, CH. MÉRYON, WHISTLER

———

LITHOGRAPHIES ORIGINALES

Bellangé, Bonington, Charlet, etc.

DONT LA VENTE AUX ENCHÈRES PUBLIQUES AURA LIEU

HOTEL DES COMMISSAIRES-PRISEURS

RUE DROUOT, 9 — SALLE 8

Le Vendredi 14 Décembre 1900

A DEUX HEURES TRÈS PRÉCISES

Par le ministère de **M⁰ Maurice DELESTRE**, Commissaire-Priseur
5, rue Saint-Georges

Assisté de **M. L. DUMONT**, Expert, Marchand d'Estampes
27, rue Laffitte.

———

PARIS — 1900

CONDITIONS DE LA VENTE

Elle sera faite AU COMPTANT.

Les Acquéreurs paieront CINQ POUR CENT en sus des adjudications.

L'ordre du Catalogue sera suivi.

MM. les Amateurs pourront visiter la Collection chez M. L. DUMONT, *27, rue Laffitte, pendant les huit jours qui précèdent la vente, de 1 heure à 6 heures du soir.*

M. DUMONT *se charge des commissions des personnes qui ne pourraient assister à la vente.*

MAULDE, DOUMENC et Cie, Imp. de la Cie des Commissaires-Priseurs
rue de Rivoli, 144.   600—92648

DÉSIGNATION

ALMA TADÉMA, HOOD

1 — Joueuse de Guitare. — Le Tournoi. — Le Lion
amoureux.

> Trois pièces, belles épreuves.

ANONYME

2 — Jeune Femme accoudée à sa fenêtre. — Portrait de
emme. — Autre portrait de Femme.

> Trois pièces, très belles épreuves d'artiste.

APPIAN

— Port de San-Remo. — Les Canards. — Bateaux de
pêche.

> Quatre pièces, très belles épreuves d'artiste dont trois sur Japon.

BACHER (Otto)

4 — Pont rustique. — Une Vanne. — Vieux Pont à
Sutzbach.

> Trois pièces, très belles épreuves d'artiste sur Japon. Signées.

BARILLOT, CHAIGNEAU

5 — Nature morte. — Au Pâturage. — Paysages.

> Six pièces, très belles épreuves d'artiste.

BELLANGÉ (H.)

6 — Collection des types de tous les corps et uniformes militaires de la République et de l'Empire. 50 planches coloriées comprenant les portraits de Bonaparte, premier Consul ; de Napoléon Empereur ; du prince Eugène, du roi Murat et du prince Poniatowski ; d'après les dessins de M. Hippolyte Bellangé.

Très belles épreuves.

BENJAMIN-CONSTANT

7 — Un Pouilleux. — Prisonniers marocains se désaltérant. — Aux portes de Tanger.

Trois pièces, très belles épreuves d'artiste.

BESNARD (A.)

8 — Dans les Cendres.

Très belle épreuve d'artiste. Signée.

9 — La Poupée.

Très belle épreuve d'artiste sur Chine.

BODMER (K.)

10 — Pigeon sur son nid. — Cerfs à la reposée.

Deux pièces, très belles épreuves d'artiste sur Chine.

BOILVIN (E.)

11 — Bivouac sous Metz. — Scène de Rabelais.

Deux pièces, très belles épreuves d'artiste.

BONINGTON

12 — Son Portrait d'après lui-même, par VILLOT.

Très belle épreuve d'artiste.

BONINGTON

13 — Église Saint-Gervais et Saint-Protais, à Gisors (Cat. H. Béraldi (2). — Tour aux Archives. à Vernon (3). — Tour du Gros-Horloge, à Évreux (4).— Abside de l'église Saint-Taurin, à Évreux (5).

Cinq pièces, très belles épreuves d'artiste sur Chine.

14 — Vue générale des Ruines du Château d'Arlay (10). — Ruines du Château d'Arlay (11). — Pierre-de-Vaivre (12). — Croix de Moulin-les-Planches (13). — Vue d'une rue du faubourg de Besançon (14).

Cinq pièces, très belles épreuves d'artiste sur Chine.

15 — Vue générale de l'Église et de l'Abbaye de Tournus (7). — Ruines du Château d'Arlay (11). — Croix de Moulin-les-Planches (13). — Vue d'une rue du Faubourg de Besançon (14).

Quatre pièces, très belles épreuves sur Chine.

16 — Château d'Harcourt (18). — Église Saint-Sauveur (23). — Intérieur d'une cour, à Beauvais.

Trois pièces, très belles épreuves.

17 — Pesmes (6). — Vue générale de l'Abbaye de Tournus (7). — Façade de l'Église de Brou (8). — Tombeau de Marguerite de Bourbon dans l'église de Brou (9).

Quatre pièces, très belles épreuves sur Chine.

BONVIN (F.)

18 — Bords de l'Hyvette. — Joueur de Guitare.

Deux pièces, très belles épreuves.

BOUTET

19 — Au Café.

Très belle épreuve d'artiste. Signée.

BRACQUEMOND (F.)

20 — M. Bérard, architecte (H. Béraldi, 16).
Très belle épreuve d'artiste. Rare.

21 — Desforges de Vassens (28).
Très belle épreuve d'artiste sur Japon.

22 — Fernand (43).
Très belle épreuve d'artiste sur parchemin.

23 — Le haut d'un battant de porte (110).
Très belle épreuve d'artiste.

24 — La même estampe.
Très belle épreuve.

25 — Croquis à l'eau-forte (128).
Très belle épreuve d'artiste sur papier ancien. Rare.

26 — Le Bateau du Teinturier (192).
Très belle épreuve d'artiste sur Japon. Tiré à 25 épreuves.

27 — Les Taupes.
Très belle épreuve du 3e état, avant l'adresse.

28 — Sarcelles (111).
Très belle épreuve d'artiste.

29 — Essai de Paysage (170).
Très belle épreuve d'artiste sur Japon.

30 — L'Inconnu (174).
Très belle épreuve d'artiste.

31 — La Scierie du Bas-Meudon (188).
Très belle épreuve du 1er état.

BRACQUEMOND (F.)

32 — Le Jardin de l'Auberge de Dulwich (204).

Très belle épreuve du 1ᵉʳ état.

33 — Deux Études de Paysages (209-210).

Deux pièces, très belles épreuves d'artiste sur Japon.

34 — Trembles au bord de la Seine (218).

Très belle épreuve d'artiste sur Japon.

35 — Les Canards surpris (778).

Très belle épreuve d'artiste.

36 — Le Canard, titre pour *Les Graveurs du XIX*ᵉ *siècle*, de M. H. BÉRALDI (794).

Très belle épreuve d'artiste sur parchemin. Tiré à **10** épreuves.

37 — Le Canard. — Le Corbeau. — Le Retour au logis. — La Pépie.

Quatre pièces, belles épreuves.

BROWN (J. LEWIS)

38 — Trois Cavaliers dans un paysage (vernis mou).

Très belle épreuve d'artiste. Signée

39 — En Reconnaissance.

Très belle épreuve d'artiste. Signée.

40 — En Promenade. — Un Veneur.

Deux pièces, très belles épreuves d'artiste.

BUHOT (FÉLIX)

41 — La Fête Nationale au boulevard de Clichy (Cat. Bourcard, 127).

Très belle épreuve d'artiste avec marges symphoniques, avec dédicace.

BUHOT (FÉLIX)

42 — L'Hiver à Paris, place Bréda (128).

Superbe épreuve d'artiste sur Japon.

43 — La même estampe.

Très belle épreuve.

44 — Débarquement en Angleterre (130).

Très belle épreuve d'artiste sur Japon.

45 — Une Jetée en Angleterre (132).

Très belle épreuve d'artiste avec croquis dans les marges, sur Chine. Signée.

46 — La Dame aux Cygnes (144).

Très belle épreuve d'artiste.

47 — Matinée d'hiver sur les Quais (158).

Très belle épreuve du 1er état sur Japon.

CALENDRIERS

48 — Calendriers de 1881, 1890, 1891, par SOMM.— 1882, par OUDART. — 1884, par GUÉRARD.

Cinq pièces, très belles épreuves.

CARICATURES

49 — Le Monde dramatique. — Album théâtral. — Portraits, etc. ; par GRANDVILLE, DANTAN, etc.

Dix-huit pièces, très belles épreuves.

50 — Journal *La Caricature*; pièces de DAUMIER, GRANDVILLE, RAFFET, DECAMPS, etc.

Très belles épreuves, toutes marges.

CASANOVA

51 — Le Siffleur de Linottes. — Agacerie. — Moine buvant.

Trois pièces, très belles épreuves d'artiste.

CHAPLIN (Ch.)

52 — Portrait de Ziem. — Baigneuse. — Intérieur rustique.

Trois pièces, très belles épreuves d'artiste.

CHARLET

53 — J'suis pas électeur, moi ? — Vous croisez la baïonnette sur les vieux amis. — L'Arabe et son coursier. — Béranger. — Titres d'Albums, etc.

Seize pièces, belles épreuves.

54 — Garde Nationale de Paris. — Marche de troupes dans le pays basque. — M. Pigeon en grande tenue. — Vainqueurs et Vaincus. — Feuille de croquis.

Cinq pièces, très belles épreuves.

CLARK, HOLE, WHIRTER

55 — The dinner hour. — The end of the « Fourty five » rebellion. — By the Lochside.

Trois pièces, très belles épreuves d'artiste.

COROT

56 — Vénus coupe les ailes de l'Amour (1re planche).

Très belle épreuve sur Japon.

COURBET (G.)

57 — Les Demoiselles de Village.

Deux pièces, très belles épreuves, dont une d'artiste.

DAUBIGNY (Cu.)

58 — Le Lever du Soleil. — Les chevaux de halage. — Les bords du Cousin. — L'Ane à l'abreuvoir. — Les Charrettes de roulage. — Ruines du Château de Crémieux. — Les Vaches au marais. — L'Ondée. — La Plage de Villerville. — Le Guet du Chien. — Poule et ses Poussins. — Un cochon de propriétaire.

Douze pièces, plus un litre et une couverture, très belles épreuves d'artiste.

59 — Clair de lune à Valmondois. — Le Gué. — Les Vendanges. — Soleil couchant, etc.

Six pièces, belles épreuves.

60 — La Tonnelle. — Le Guet du Chien. — La Noce de village. — Cerfs sous bois. — L'arbre aux Corbeaux. — Les Baigneuses, etc.

Vingt-six pièces, dont vingt-deux avant la lettre.

DECAMPS, MARILHAT

61 — Village turc. — Place de l'Esbekich.

Deux pièces, très belles épreuves dont une d'artiste.

DELACROIX (E.)

62 — Tigre couché.

Très belle épreuve du 2e état.

63 — Goetz de Berlichingen.

Très belle épreuve sur Chine, avec les croquis dans les marges.

DELAUNEY, DELATRE

64 — Paysages.

Sept pièces, très belles épreuves d'artiste.

DESBOUTIN (M.)

65 — Enfant, Chien et Chat (grande planche).

Très belle épreuve d'artiste. Signée.

66 — La Promenade du Bébé. — Le Repos.

Deux pièces, très belles épreuves d'artiste.

DUPRÉ (J.)

67 — Paysages.

Six pièces, belles épreuves.

EDWARDS, MULLER

68 — Paysages, Marines, Vues.

Six pièces, très belles épreuves d'artiste.

FORTUNY (M.)

69 — Tireuse de Cartes.

Très belle épreuve d'artiste sur Chine.

70 — Marocain assis. — Maréchal-ferrant au Maroc.

Deux pièces, très belles épreuves dont une d'artiste.

71 — Muletier. — Garde de la Casbah, à Tétuan.

Deux pièces, très belles épreuves.

72 — La Victoire. — Mendiant.

Deux pièces, très belles épreuves.

FRÈRE (Ed.)

73 — Petit Mendiant. — A l'École. — Salle d'Hôpital. — Intérieur de cuisine.

Quatre pièces, très belles épreuves d'artiste dont deux sur Japon.

GAILLARD (F.)

74 — Jean Bellin, seconde planche, tourné à droite (H. B., 8).

Superbe épreuve d'artiste avec dédicace.

75 — OEdipe, d'après INGRES (24).

Très belle épreuve avant la lettre sur Chine.

76 — L'homme à l'œillet d'après VAN EYCK (25).

Superbe épreuve d'artiste avec la signature à la pointe.

77 — Saint Sébastien (33).

Superbe épreuve d'artiste sur Japon.

78 — La tête de cire, du musée de Lille (30).

Très belle épreuve d'artiste sur Chine.

GAUTIER (L.)

79 — Fontaine du Chatelet. — Place Maubert. — Rue Saint-Julien-le-Pauvre.

Trois pièces, très belles épreuves d'artiste sur Japon.

GAVARNI

80 — Henry Berthoud. — G. T. Villenave. — La Reine Victoria. — Alcide Tousez. — Gustave de Lanoue.

Cinq pièces, belles épreuves.

81 — Henry Monnier ; deux portraits différents.

Deux pièces, très belles épreuves.

82 — C'est toi mauvais sujet. — T'en souviens-tu, friponne. — Un déjeuner au petit jour. — Un cabinet chez Pétron. — Une orgie ; etc.

Neuf pièces, belles épreuves.

GERICAULT

83 — Etudes de chevaux ; un album relié.

> Trente cinq pièces, très belles épreuves.

84 — Lion dévorant un cheval. — Cheval noir franchissant une barrière.

> Deux pièces, très belles épreuves d'artiste.

GÉROME

85 — *Le fumeur*. (Eau forte originale).

> Très belle épreuve d'artiste sur chine.

GŒNEUTTE (N.)

86 — Anvers. — Traghetto. — Embarcadère à Venise.

> Trois pièces, très belles épreuves d'artiste.

GONCOURT (J. DE)

87 — Masque de Rousseau, d'après LA TOUR. — Etude de nu d'après BOUCHER. — Mon épouse serait-elle légère ? — Mendiants, d'après GAVARNI.

> Quatre pièces, très belles épreuves d'artiste.

GRAVESANDE (STORM DE)

88 — Fleet Katwyck, Hollande.

> Très belle épreuve d'artiste. Signée.

89 — Marines. — Paysages.

> Quatre pièces, très belles épreuves d'artiste.

HADEN (SEYMOUR)

90 — L'Ecluse d'Egham (Egham lock) Cat. H. Béraldi 15).

> Très belle épreuve d'artiste.

HADEN (Seymour)

91 — Vue prise d'une fenêtre de la maison de l'Artiste
(Out of Study window) (17).

Très belle épreuve d'artiste. Signée.

92 — Château de Kidwelly (23).

Très belle épreuve d'artiste.

93 — Vue d'Amsterdam (37).

Très belle épreuve d'artiste.

94 — La Tamise à Battersea, vue de la fenêtre de
Whistler (Old chelsea, out of Whistler's window. (45)

Très belle épreuve du 1er état.

95 — Maison de Whistler, au vieux Chelsea. (Whistler's
house, Old chelsea) (47).

Très belle épreuve, avec l'astérisque. Signée.

96 — Thames Ditton (64).

Très belle épreuve d'artiste sur Japon.

97 — Le bac de Brendford (Brendford Ferry) (66).

Très belle épreuve sur Japon avec la dédicace à Whistler, très
rare.

98 — Shepperton (71).

Très belle épreuve d'artiste.

99 — Le rendez-vous (The assignation, Kew 1865) (97).

Superbe épreuve sur papier ancien. Signée, très rare.

100 — Berge de la rivière à Sonning (Sonning Bank)
(105).

Très belle épreuve avant le cuivre coupé.

HADEN (Seymour)

101 — Le Château de Cowdray avec des oies (195).

Très belle épreuve d'artiste sur Japon.

HARPIGNIES, etc.

102 — Paysages.

Neuf sujets sur six feuilles, épreuves d'artiste.

HÉDOUIN, LALAUZE

103 — Intérieur rustique. — La Promenade. — La Balançoire; etc.

Cinq pièces, très belles épreuves.

HERVIER (A.)

104 — Croquis du voyage de 1843; suite de sept pièces dans la couverture de publication.

Très belles épreuves sur Chine.

105 — Doubles des pièces précédentes.

Quatre pièces, belles épreuves.

106 — Moulin à vent. — Marines.

Six pièces, très belles épreuves d'artiste.

107 — Marines. — Paysages. — Sujets divers (eaux-fortes et lithographies).

Dix pièces, très belles épreuves d'artiste.

HESELTINE, URWICH

108 — Paysages. — Vues. — Bords de la Tamise. — Marines.

Sept pièces, très belles épreuves d'artiste.

HUET (P.)

109 — Jeune garçon feuilletant un album. — Le Héron.
La Maison du garde. — Les Deux chaumières. — Le
Braconnier. — Un Pont en Auvergne.

Six pièces, très belles épreuves sur Chine.

110 — Le Soir. — Le Clocher d'Harfleur. — Le Ruisseau.
— La Plage. — La Prairie.

Cinq pièces, très belles épreuves.

111 — Pont dans les bois. — Contrebandiers en forêt.
Maison de campagne dans les bois. — Le Midi, etc.

Six pièces, très belles épreuves.

ISABEY

112 — Rue des Gras à Clermont. — Château de Pont-
Gibaud. — Entrée du village des Bains. — Lac
d'Aidat. — Église Saint-Jean à Thiers. — Croix de
Chaudesaigues.

Six pièces, très belles épreuves sur Chine.

113 — Le Barbier. — La Sieste.

Deux pièces, très belles épreuves d'artiste coloriées.

JACQUE (Ch.)

114 — Les Chanteurs. — Scènes d'intérieurs. — Cours
de fermes, etc.

Neuf pièces, très belles épreuves d'artiste.

JACQUEMART (J.)

115 — Huit études et compositions de fleurs ; suite
complète (Cat. H. Béraldi, 318-325).

Très belles épreuves d'artiste.

JACQUEMART (J.)

116 — Doubles des pièces précédentes.

Quatre pièces, très belles épreuves d'artiste.

117 — Avant le bal (H. B. 327).

Très belle épreuve d'artiste.

118 — Souvenirs de voyage (329).

Très belle épreuve d'artiste.

119 — L'Écureil et la mouche (330).

Très belle épreuve d'artiste.

120 — La Campagne (340). — La Ville (341).

Deux pièces sur une même feuille, très belle épreuve d'artiste.

121 — Chez Berne Bellecour (350). — Une Génoise (388).

Deux pièces, très belles épreuves d'artiste.

122 — Plantes de serre. — L'Écureuil et la mouche. — Souvenirs de voyage.

Trois pièces, belles épreuves.

JONGKIND

123 — L'Escaut à Anvers. — Sortie de la Maison Cochin. — Vues de Hollande.

Quatre pièces, très belles épreuves d'artiste.

LAAGE (de)

124 — Études de chats. — Tigre couché. — Tigre jouant.

Quatre pièces, très belles épreuves d'artiste.

LALANNE (M.)

125 — Eaux-fortes originales comprenant les vues de Paris, Bordeaux, Rouen. — Siège de Paris. — Chez Victor Hugo. — Le Billard. — Traité de la gravure à l'eau forte. — Paysages, Marines, etc.

Ensemble cent cinquante-quatre pièces formant la presque totalité de l'œuvre. Toutes ces pièces sont différentes sans aucun double et toutes les suites sont complètes.

126 — Doubles des pièces précédentes.

Cinquante-cinq pièces.

LAURENS (J.) — LEMAIRE (L.)

127 — Sous les murs de Téhéran. — Au Caire. — Paysage. — Un Cercle d'intimes.

Six pièces, très belles épreuves d'artiste.

LAW (D.) — PARRISH (S.)

128 — Paysages. — Marines.

Cinq pièces, très belles épreuves d'artiste.

LE COUTEUX (L.)

129 — Centaures. — Tête de marin.

Deux pièces, très belles épreuves d'artiste.

130 — Pendant le prêche.

Très belle épreuve d'artiste sur Japon. Signée.

LEGRAND (L.)

131 — De la barre. — On se retourne. — 3ᵉ Acte, Scène 8.

Trois pièces, très belles épreuves sur Japon.

LEGRAND (L.)

132 — La Môme Terpsichore. — Le déshabillage.

Deux pièces, très belles épreuves sur Japon.

LEGROS (A.)

133 — Le Réfectoire. — Titre pour une suite de dix eaux-fortes.

Deux pièces, belles épreuves.

134 — Les Mendiants anglais (85).

Très belle épreuve d'artiste.

LELOIR (M.), MONZIÈS

135 — Trompette de Hussards. — Le Joueur de Mandoline. — L'Amateur de peinture.

Trois pièces, très belles épreuves d'artiste.

LEMUD (De)

136 — Les Maraudeurs. — Enfance de Jacques Callot.

Deux pièces, très belles épreuves sur Chine.

LEYS (H.)

137 — Un Conventicule de réformés.

Très belle épreuve d'artiste sur Japon.

138 — Les Archers.—Intérieur de Luther à Wittemberg.

Deux pièces, très belles épreuves avant la lettre.

139 — Promenade hors les murs (FAUST et WAGNER).

Très belle épreuve d'artiste.

MACBETH

140 — Rêverie. — Crépuscule. — Retour de pêche. — Bords de rivière.

> Quatre pièces, très belles épreuves d'artiste.

MACBETH, SLOCOMBE

141 — Meal time. — A Middlesex Lane.

> Deux pièces, très belles épreuves d'artiste sur Japon.

MARTIAL

142 — Ruisseau sous bois. — La Demoiselle. — La Mare. — Mabille, etc.

> Sept pièces, très belles épreuves d'artiste.

MEISSONIER (E.)

143 — Polichinelle, tourne à gauche.

> Très belle épreuve d'artiste.

MERYON (Ch.)

144 — Son portrait, par Bracquemond.

> Très belle épreuve sur Japon.

145 — Son portrait, par L. Flameng.

> Très belle épreuve sur Japon.

146 — Chenonceaux, d'après Ducerceau (Cat. H. Béraldi, 18).

> Très belle épreuve sur papier ancien.

147' — Plan du combat de Sinope (21).

> Très belle épreuve.

MERYON)Ch.)

148 — Passerelle du Pont-au-Change après l'incendie
de 1621 (27).
Très belle épreuve d'artiste.

149 — Ancienne porte du Palais de Justice (33).
Très belle épreuve d'artiste.

150 — Armes de la Ville de Paris (35).
Très belle épreuve sur Chine volant.

151 — Le Petit Pont (38).
Superbe épreuve du 1er état sur papier vert.

152 — Tourelle de la rue de la Tixéranderie (43).
Superbe épreuve du 1er état sur papier vert.

153 — Le Pont neuf (47).
Superbe épreuve avec le nom de Méryon et l'adresse de l'imprimeur, avant les vers, sur papier vert.

154 — Le Pont au change (48).
Superbe épreuve avec le ballon « Spéranza » avec le nom de Méryon et l'adresse de l'Imprimeur, sur papier ancien.

155 — Tourelle de la Rue de l'Ecole de médecine (55).
Très belle épreuve sur Chine.

156 — Vue de l'Ancien Louvre du côté de la Seine (81).
Très belle épreuve.

157 — Collège Henri IV. Vue à vol d'oiseau (83).
Très belle épreuve.

158 — Le Petit Pont. — La Tour de l'Horloge. — La
Pompe Notre-Dame.
Trois pièces, belles épreuves.

MERYON (Ch.)

150 — Marine d'après Zeeman. — La brebis d'après Van
de Velde ; deux pièces sur une même feuille.

Très belle épreuve d'artiste sur Chine.

MONNIER (H.)

160 — La sortie de l'audience. — Chacun son tour. —
Sauveur et savant. Allons balayer nos chambres, etc.

Cinq pièces, belles épreuves.

161 — Une bête malfaisante. — Un propriétaire. — Les
cochers. — Bonaparte est mort comme vous et moi ;
etc.

Six pièces, très belles épreuves.

NANTEUIL, NOEL, FRAGONARD

162 — A Richard Cobden. — La conversation. — La
bonne mère. — Les apprêts d'un mariage.

Quatre pièces, très belles épreuves.

NANTEUIL (C.), JOHANNOT (T.)

163 — Vignettes tirées du monde dramatique. — Têtes
de chapitres avant le texte.

Vingt pièces, belles épreuves.

NITTIS (DE)

164 — Odalisque. — Derrière l'éventail. — Jeune femme
à l'éventail, debout.

Trois pièces, très belles épreuves d'artiste.

OTTO-WEBER, VUILLEFROY, YON

165 — En Ecosse. — L'Orage. — Les Anes. — Paysages.

Six pièces, très belles épreuves d'artiste.

PIGUET

166 — Petite fille au chapeau.

Très belle épreuve d'artiste avec remarque, sur japon.

PINELAIS (de la), RIDLEY

167 — Vues du port de Toulon. — Marines.

Sept pièces, très belles épreuves d'artiste.

PLATT

168 The market Slip.

Très belle épreuve d'artiste sur japon.

RAJON (P.)

169 — Madame Cleveland.

Très belle épreuve d'artiste sur japon.

RENOUARD (P.)

170 — Petites danseuses. — Le tableau de service. Le vieux charpentier.

Trois pièces, très belles épreuves d'artiste avec dédicace.

RIBOT (T.)

171 — Une grande douleur. — Portrait d'Emile Cardon. — Portrait de Cadart.

Trois pièces, très belles épreuves d'artiste.

RIBOT (T.)

172 — La recette. — Le vieux contrebandier.

Deux pièces, très belles épreuves d'artiste.

173 — Les Eplucheurs. — Le Mets brûlé. — La Carte. — L'Aide de cuisine. — Le déjeuner des cuisiniers. — Le déjeuner du chat.

Six pièces, très belles épreuves d'artiste.

174 — La prière des petites filles. — Nature morte.

Deux pièces, très belles épreuves d'artiste.

RODIN

175 — Portrait de Mr Antonin Proust.

Très belle épreuve d'artiste.

ROPS (F.)

176 — Masques Parisiens.

Très belle épreuve en couleurs. Signée.

177 — La Cuisine d'Anserenne.

Très belle épreuve d'artiste.

178 — La Pudeur de Sodome.

Très belle épreuve en couleurs. Signée.

179 — Courtoisie exagérée.

Très belle épreuve du 1er état sur Japon.

180 — Maturité.

Très belle épreuve.

181 — Impudence.

Très belle épreuve rehaussée de pastel.

ROPS (F.)

182 — Bourgeoisie.

Très belle épreuve d'artiste.

183 — Mon Bourgmestre. — Le Modèle.

Deux pièces, sur une même feuille, très belles épreuves.

184 — Étude. — Un Conventionnel.

Deux pièces, très belles épreuves d'artiste.

185 — Le Sire de Lumey.

Très belle épreuve d'artiste.

186 — Les Amusements des dames de Bruxelles. — Le Diable dupé par les Femmes.

Deux pièces, très belles épreuves.

187 — La Messe de Gnide. — Les Chansons de Collé.

Deux pièces, très belles épreuves sur Japon.

188 — Le Catéchisme des Gens mariés.

Très belle épreuve.

189 — La Dame au Cochon, par GAUJEAN ; eau-forte en couleur.

Très belle épreuve d'artiste sur Japon.

190 — Tentation de saint Antoine, par COURBOIN.

Très belle épreuve.

ROUSSEAU (TH.)

191 — Le Chêne de Roches.

Très belle épreuve du 2ᵉ état sur papier ancien.

ROUSSEAU (Th.)

192 — Plateau de Bellecroix.

Très belle épreuve d'artiste.

193 — La Plaine de la Plante, à Biau ; héliographie sur verre.

Très belle épreuve. Rare.

194 — Fac-simile de Dessins.

Trente-trois pièces.

195 — Fac-simile de Dessins.

Quatorze pièces.

ROYBET (F.)

196 — Joueurs de Dés. — Les Echecs.

Deux pièces, très belles épreuves d'artiste.

RUDAUX

197 — La Pêche à la ligne. — Sur la Plage. — Au bord de la Mer, etc.

Quatre pièces, très belles épreuves d'artiste.

SLOCOMBE, NICHOLS

198 — Windsor.— Troupeau au Pâturage.— Paysages.

Cinq pièces, très belles épreuves d'artiste.

VOLLON

199 — Vue de Clichy-la-Garenne.

Deux pièces sur une même feuille, très belle épreuve d'artiste.

WHISTLER (James)

200 — The Pool (Cat. Wedmore, 41).

Très belle épreuve d'artiste sur Japon.

201 — La Forge (63).

Très belle épreuve d'artiste.

202 — Millbank (67).

Très belle épreuve d'artiste.

203 — Putney-Bridge (145).

Très belle épreuve d'artiste sur Japon.

204 — La Femme au Gant ; lithographie.

Très belle épreuve d'ariiste sur papier ancien.

205 — En visite; lithographie.

Très belle épreuve d'artiste sur Japon.

206 — Au Louvre ; lithographie.

Très belle épreuve d'artiste.

WILKIE

207 — Trois sujets sur une même feuille.

Très belles épreuves d'artiste sur Chine.

208 — Sous ce numéro seront vendus les Estampes non cataloguées et les Portefeuilles de la collection.